NOUVEAU COURS

DE

GÉOGRAPHIE

GÉNÉRALE,

COMPOSÉ

D'UNE SÉRIE D'ÉTUDES SUR LA GÉOGRAPHIE NATURELLE, PHYSIQUE, POLITIQUE, HISTORIQUE ET MILITAIRE;

PAR DENAIX,

Ancien Élève de l'École Polytechnique, Lieutenant-Colonel au corps royal d'État-Major, Chef d'administration au Dépôt général de la guerre.

> La méthode est la clef de toutes les sciences; sans elle, les plus belles connaissances ne sont qu'un chaos, qu'un amas de richesses dont on ne peut pas se servir, ou dont on se sert mal.
>
> DILLON, le Guide des études historiques, pag. X.

PARIS,

CHEZ
PICQUET, quai Conti, n°. 17.
ANDRIVEAU-GOUJON, rue du Bac, Faub. St.-Germain, n°. 6.
SIMONNEAU, rue de la Paix, n°. 6.
DENAIX, libraire, rue du Faub. St.-Honoré, n°. 62.

1833.

DIVISION

DU NOUVEAU COURS DE GÉOGRAPHIE GÉNÉRALE.

(*N. B.* Les Études dont les prix sont marqués sont en vente.)

PREMIÈRE PARTIE.

Études sur le Globe.

DEUXIÈME PARTIE.

PREMIÈRE SECTION. *Études générales sur l'Europe.*

ÉTUDE

DE

GÉOGRAPHIE NATURELLE.

IMPRIMERIE DE DIDOT LE JEUNE,
RUE DES MAÇONS-SORBONNE, N°. 13.

ÉTUDE

DE GÉOGRAPHIE NATURELLE

L'EUROPE CENTRALE,

PRÉCÉDÉE D'UN SYSTÈME DE NOMENCLATURE PROPRE A INDIQUER LA SITUATION RELATIVE DE TOUTES LES ARÊTES QUI DÉTERMINENT LA FORME DES SUPERFICIES TERRESTRES ;

Par DENAIX,

Ancien Élève de l'École Polytechnique, Lieutenant-Colonel au Corps royal d'État-Major, Chef d'administration au Dépôt général de la guerre.

> Celui qui veut connaître les formes des superficies terrestres, marchera sur mes traces : hors des voies que la division des eaux decèle, le grand dédale des inégalités du globe est et sera toujours inextricable.

PARIS,

Chez
{ PICQUET, quai Conti, n°. 17.
ANDRIVEAU-GOUJON, rue du Bac, Faub. St.-Germain, n°. 6.
SIMONNEAU, rue de la Paix, n°. 6.
DENAIX, libraire, rue du Faub. St.-Honoré, n°. 62.

1833.

A

Monsieur le Comte de Rigny,

PRÉSIDENT DE LA SOCIÉTÉ DE GÉOGRAPHIE.

Monsieur le Président,

Dans l'assemblée générale du mois de mars de l'année dernière, j'ai eu l'honneur de présenter à la Société de Géographie le dessin d'une carte hydrogéique, dressée à l'effet de montrer les voies à suivre pour procéder d'une manière rationnelle à l'analyse géographique des superficies terrestres. Aujourd'hui, veuillez, je vous prie, lui faire, en mon nom, l'hommage d'une épreuve de cette même carte imprimée en deux couleurs, & d'un cahier de texte explicatif, où j'expose les faits qui militent en faveur de la marche que je préscris.

Mes sacrifices & ma persévérance sont le gage d'une conviction profonde : j'ai, en effet, la confiance que l'enseignement de la géographie, comme simple exercice de mémoire, ne peut plus se soutenir en présence des études théoriques que j'oppose à la routine ; j'ai de même la certitude que bientôt l'expression physique des cartes dont on fait présentement usage ne satisfera plus que les personnes qui se contentent d'y trouver des positions de lieux, ou d'y voir des configurations morcelées, sans chercher à saisir les traits généraux qui établissent une liaison continue, entre toutes les parties.

Tout mon désir est que ce langage suscite contre moi les attaques de la critique. Loin de redouter les objections, je les réclame comme une faveur, dont je saurai profiter. Lorsque j'ai descendu dans l'arène pour provoquer la régénération des études géographiques, je comptais déjà quinze années d'expérience ; je connaissais aussi la plupart des adversaires que je pouvais rencontrer sur mon chemin. Leur mérite dans des spécialités autres que la mienne n'a point retenu

mon courage. Je ne m'en sens pas moins maintenant que je suis couvert du bouclier du savant
auteur de l'Essai sur les Reconnaissances militaires (M. le chevalier Allent, Mémorial
du Dépôt général de la guerre, tome 1er de la
seconde édition), & que l'Allemagne, ce berceau de la géographie pure & de la géographie
historique, naturalise sur son sol mon atlas de
l'Europe.

La tâche que je me suis imposée, de refaire
les Études géographiques dans l'ordre même de
l'enchaînement des connaissances qui sont de
leur domaine, m'a mis dans la nécessité de présenter, avant toute autre chose, la description
générale des formes du globe. Mais, comme la
géographie naturelle n'a pas encore pris place
dans les programmes universitaires, maîtres &
élèves dédaignent de s'en occuper, & l'usage de
l'analyse des cartes, si nécessaire pour saisir
l'ordonnance des configurations terrestres & pour
en imprimer le tableau invariable dans l'esprit,
rencontre chez nous mille obstacles pour se répan-
dre. A chacune de mes publications, je vois

cependant s'accroître le nombre des personnes sans préventions & des esprits droits qui, de conviction, se rallient à ma méthode. Je ne doute donc nullement, je le répète, qu'avant même d'avoir mis la dernière main à mon ouvrage, je ne voie les études géographiques s'élever au rang des sciences, & les cartes prendre un caractère stéréographique qui permettra de les lire, tandis qu'aujourd'hui encore les vues étroites dans lesquelles elles sont conçues, m'autorisent à dire qu'on ne peut que les épeler.

Je suis, Monsieur le Président, avec une haute considération & un profond respect,

Votre très-humble Serviteur,

DENAIX,

Lieutenant-colonel au corps royal d'État-major.

Paris, le 27 mars 1833.

AVANT-PROPos.

En publiant une carte hydrogéique de l'Europe centrale, notre but a été de mettre en parfaite évidence les relations qui subsistent entre les deux systèmes arboriformes des cours d'eau et des lignes de partage des eaux (1).

Nous avons voulu aussi montrer que tous les massifs de montagnes sont dans une dépendance réciproque, et que les cartes dont on a fait jusqu'à présent usage induisent en erreur, puisqu'elles ne font connaître ces massifs que comme des accidens isolés.

Les cours d'eau sont en effet, sur les cartes, les seules lignes continues d'après lesquelles on puisse se faire une idée de la hauteur relative des bassins qui se réunissent en des lits communs. Hors de là, c'est un chaos dans lequel l'esprit se perd.

Habitués que nous sommes à juger des choses par l'aspect sous lequel elles se présentent dans l'étendue

(1) La crête des bassins hydrographiques se nomme *ligne de partage* ou du *pendant des eaux*, parce que les eaux qui tombent ou jaillissent sur cette ligne se divisent et roulent sur les pentes des bassins opposés.

de notre rayon visuel, nous ne voyons de même dans les cartes que des configurations locales, et cependant ces configurations, de proche en proche, sont toutes subordonnées à celles qui les environnent, et, par cette raison, elles ont, indépendamment de leur valeur abstraite, une valeur relative par laquelle elles se lient toutes, de manière à présenter dans leur connexion les différens bassins qui renferment les cours d'eau de toute espèce.

On entend par *bassins* chacune des portions de la surface du globe dont les eaux pluviales et fluviales se rendent dans le même réservoir.

La grandeur des bassins varie comme celle des réservoirs qu'ils alimentent : ainsi les bassins des mares naturelles, dans nos campagnes, ne sont, le plus souvent, que des dépressions du sol dont les pentes conduisent, et dont le fond conserve les eaux pluviales qui n'ont point d'issue vers les vallées ; tandis que le bassin de la mer Caspienne s'étend jusqu'aux sommités du Caucase et des plateaux de la Tartarie, et forme une coupe immense dont les bords renferment les sources d'une foule de fleuves et de rivières.

Pour obvier aux inconvéniens ci-dessus mentionnés, il fallait : 1°. Présenter sous deux couleurs bien distinctes les cours d'eau et les lignes séparatives de leurs bassins ; 2°. Observer dans ces lignes, ainsi que cela a lieu dans les cours d'eau, une dégradation de rapports subordonnés à l'ordre successif des ramifications (1); 3°. Faire prévaloir les parties auxquelles on donne le nom de montagnes.

Ces trois conditions se trouvent remplies, quant à présent, dans notre carte hydrogéique, par un simple tracé. On verra dans l'Atlas de la France, que nous ferons paraître incessamment, qu'il est possible d'obtenir le même avantage en conservant aux reliefs leur expression conventionnelle, en indiquant tous les plans de pente dont ils ne sont que les parties proéminentes, et en couronnant tous ces plans par un système continu d'arêtes en parfaite concordance avec les eaux courantes (2).

Ainsi se trouveront résolues les objections qui ne

(1) A l'effet de déterminer les voies à suivre, soit pour diviser et sous-diviser en bassins de différens degrés, soit pour arriver par la réunion successive de ces mêmes élémens à reconstruire le tout, des lignes formées de tirets séparés par des points dont le nombre croît ou décroît au fur et à mesure que la quantité des divisions augmente ou diminue, accompagnent les faîtes de partage des eaux. Nous ferons voir plus tard que ce mode de numération est applicable à toutes les cartes, en donnant à la ligne qui constitue le faîte principal le chiffre caractéristique formant le complément additionnel par lequel on peut se rattacher à la division du premier ordre.

(2) Le dessin de la carte physique destinée à servir d'introduction à notre *Atlas de la France*, a été confié à M. Richard Wahl, l'un des meilleurs graveurs de la capitale. Les effets qu'il a obtenus en modelant le relief d'une manière nouvelle, lui ont mérité tous les suffrages. Des essais de gravure faite dans le même genre, nous permettent d'assurer que l'engagement que nous prenons sera parfaitement rempli.

se soutiennent que par les abstractions que de mau
vaises études nous ont rendues familières.

Ainsi sera reconnue l'utilité d'une nomenclatur
artificielle, comme moyen supplémentaire propre
rappeler, par des analogies les relations de chaqu
partie avec l'entier.

Alors seulement l'expression physique des carte
présentera l'harmonie qui est une conséquence d
l'observation des lois hydrogéiques.

Alors seulement l'étude de la géographie devien
dra rationnelle.

[footnotes illegible]

NOMENCLATURE ANALYTIQUE

DE

GÉOGRAPHIE NATURELLE.

DE LA NOMENCLATURE

Propre à indiquer les caractères généraux et particuliers des lignes de
partage des eaux et des cours d'eau, d'après leur importance géographique, leur gisement et leur disposition respective.

Depuis les travaux de Philippe Buache, sur la géographie
naturelle, plusieurs auteurs ont tenté de décrire les circonstances physiques de la surface du globe par l'examen des
cours d'eau et de leurs embranchemens, et par celui des
lignes de partage des eaux.

Les militaires se sont particulièrement engagés dans cette
voie, la division du sol en bassins étant la plus favorable aux
descriptions circonstanciées que les opérations de la guerre
exigent.

Les premiers, tout en prenant un essor qui leur faisait
embrasser les superficies terrestres dans leur immensité,
n'ont point osé s'affranchir entièrement des divisions établies,
ou par la marche des découvertes, ou par des rapports avec
les cercles de la sphère, ou par la circonscription des états.

Les derniers, comme explorateurs de régions moins étendues, se sont, en général, renfermés dans des considérations
de localité, et, par cette raison, ils ne sont point parvenus à
connaître le nombre, la forme, la situation, les dépendances et la connexion des diverses parties auxquelles le
globe peut être réduit par l'examen analytique ou synthé-
tique de toutes les divisions naturelles qui en constituent
l'ensemble.

Soit timidité, soit paresse, nous nous traînons donc encore sur les erremens de nos devanciers.

Nous-mêmes nous n'avons d'abord présenté que comme
des essais les innovations que nous tenons pour indispensa-
bles. La poursuite de nos travaux nous a conduits à reprendre

et à développer nos premières idées, et nous sommes maintenant certains que l'on peut faire l'analyse naturelle des superficies terrestres d'une manière aussi rationnelle que celle par laquelle on procède à la dissection d'un végétal ou d'un animal.

Les lignes de partage des eaux forment en effet, dit Wakerfeld, dans sa *Théorie du terrain*, un système continu d'arêtes entre lesquelles le terrain fertile se trouve enchâssé comme la chair l'est dans le corps humain, et au milieu de ces terres circulent les eaux courantes comme le sang parcourt nos veines pour entretenir partout la vie. Quelque forcée que paraisse cette comparaison, elle est moins déplacée qu'on ne pense, car elle conduit à faire bien saisir les rapports entre toutes les parties du globe; et de ces rapports, qui se reproduisent souvent avec les mêmes circonstances, dérivent les lois hydrogéiques à l'aide desquelles il devient facile de sortir du chaos où l'on se perd quand on n'est point guidé par les analogies.

De la surface terrestre en général.

L'eau est un fluide pesant dont les molécules roulent avec la plus grande facilité les unes sur les autres. Dans ses mouvemens elle arrache et entraîne les particules du sol sur lequel elle passe. Par sa force dissolvante, elle concourt à la décomposition des roches exposées à son action.

Il résulte de ces propriétés physiques de l'eau (sa pesanteur, sa mobilité et son action chimique) que la surface terrestre doit être considérée, géographiquement parlant, comme composée d'un nombre infini de facettes ou petits plans diversement inclinés sur les versans généraux qui déterminent les parois extérieures des bassins océaniques, maritimes et méditerranéens, dont l'ensemble présente à nos yeux le revêtement du noyau terrestre.

Le fait que tous les continens s'élèvent graduellement, de

tous côtés, au-dessus du niveau de l'Océan, est manifesté par le cours des fleuves qui, en général, de l'intérieur des terres se rendent à la mer.

« Une autre loi de la nature qui ne paraît pas avoir été assez remarquée, dit M. Walckenaer, c'est que les chaînes de montagnes les mieux liées, les plus hautes, les plus étendues, et où sont les points culminans de tous les plateaux, se dirigent toujours dans le sens des plus grandes dimensions des continens, ou des îles, ou des presqu'îles auxquels elles appartiennent; et que les moindres chaînes ou hauteurs où sont les points culminans de tous les plateaux secondaires ou tertiaires se dirigent de même dans le sens des plus grandes dilatations des terres ou des presqu'îles qui terminent ces continens ou ces îles. Comme les hauteurs des terres circonscrivent les divers bassins des cours d'eau; il peut bien arriver que les fleuves et les rivières qui ont leur source dans la chaîne principale ou dans les points culminans d'un continent ou d'une île, franchissent ou traversent les chaînes secondaires, quoique celles-ci soient cependant fort étendues ou fort élevées; mais jamais ils ne traversent les hauteurs qui s'étendent dans le sens de la plus grande dimension, et ces hauteurs forment toujours une séparation absolue entre les divers bassins d'un continent ou d'une île quelconque (1). »

Les superficies terrestres sont de fait disposées par rampes et par terrasses qui s'élèvent les unes au-dessus des autres, et forment ainsi les différens étages par lesquels on monte graduellement du rivage des mers jusqu'au faîte des continens et des îles.

Sur ces terrasses et sur ces rampes, les eaux de pluie s'infiltrent ou descendent jusqu'à ce qu'elles trouvent des couches imperméables, ou les sillons extérieurs qui, de leur

____

(1) *Cosmologie*, page 105, et *Recherches sur l'Afrique*, page 399.

continuité et de leur importance relative, prennent les noms de ruisseaux, de rivières et de fleuves.

Ces conduits sont donc les gouttières naturelles des différens plans de pente dont ils marquent l'arête inférieure. Les réunions successives des eaux courantes en des lits communs sont indiquées sur les cartes par des linéamens de plus en plus renforcés et disposés dans un système arboriforme. Mais entre deux courans latéraux dont les eaux finissent par se confondre, il existe toujours un exhaussement du sol formé de plusieurs versans.

Dans les hautes montagnes, ces versans n'offrent souvent que des murs de rochers à pic, ou des pentes rapides le long desquelles les eaux roulent et se précipitent de la crête du bassin dans le lit du torrent. Il n'y a alors, de chaque côté du courant, qu'une seule ligne remarquable, celle du partage des eaux avec les bassins adjacens.

Dans les vallées des grands fleuves, les montagnes laissent entre elles une plaine basse, au milieu de laquelle le fleuve coule et serpente; et lorsque les cours d'eau débordent, ce sont les lignes séparatives des monts d'avec les plaines inférieures qui servent de rives. Dans ces vallées, il y a, de chaque côté du fleuve, un versant, au pied duquel s'étend le glacis de la plaine, par conséquent deux lignes caractéristiques.

Dans les pays de plaines, les berges ou parois des vallées sont formées par des rideaux, des collines, au-dessus desquels on trouve de vastes plateaux ou des terrains ondulés, qui s'élèvent ou se dépriment en pentes douces, et quelquefois insensibles, jusqu'à une ligne de partage ou de réunion des eaux, au-delà de laquelle se rencontrent d'autres pentes qui donnent le contre-profil des premières. Les parois des bassins se définissent alors, de chaque côté du courant d'eau extérieur, par trois lignes très-distinctes, puisqu'aux deux précédentes il faut nécessairement ajouter la crête de la berge, afin de détacher ses pentes de celles du plateau, convexe ou concave, qui en constitue le couronnement. [1]

Le système entier des lignes de partage d'eau détermine sur le sol un réseau composé de courbes, fermées ou presque fermées, longitudinales, multifides ou palmaires, qui enveloppent, à des distances variables, les lignes de réunion des eaux. Celles-ci semblent partir de la mer, comme d'un tronc commun, et pousser leurs ramifications entre les lignes de partage. Ces dernières s'avancent, du milieu des terres vers les côtes, en rameaux irréguliers qui s'entrelacent dans les ramifications des cours d'eau, et les embrassent sans les traverser.

Les cartes n'indiquent cependant les lignes de partage qu'en partie, c'est-à-dire seulement lorsqu'elles se trouvent caractérisées par des éminences considérées comme montagnes.

Il existe donc, dans l'expression des formes des superficies terrestres, une solution de continuité qui rompt toute harmonie entre les dépendances réciproques des plans de revêtement, et qui isole ainsi une foule de reliefs dont on ne se rend compte qu'en les rapportant à des circonstances éventuelles, au lieu de les comparer au tout dont ils ne sont que les parties proéminentes.

De ces faits, il résulte incontestablement : 1°. que les lignes séparatives des eaux et de tous les plans de pente doivent être exprimées sur les cartes, aussi bien que les cours d'eau, par un système continu de faîtes arboriformes, dont la tige, les branches ou les rameaux embrassent les ramifications des cours d'eau, et dont les troncs sont unis par la chaîne centrale qui traverse tout le continent;

2°. Qu'il convient d'indiquer les relations de ces lignes par des dénominations spéciales propres à caractériser leur fonction réciproque dans l'analyse des divisions naturelles; car l'emploi des noms en usage pour différencier les diverses parties d'un système de montagnes, ne peut déterminer des rapports qui s'étendent au réseau entier des nervures hypsographiques (1), considérées en elles-mêmes, et dans leurs rapports avec l'hydrographie.

Des arêtes principales de la superficie terrestre, et des noms dont nous faisons usage pour les désigner.

Nous venons de faire connaître que dans tout continent, comme dans chaque île, il existe entre les points les plus distans une communication continue par laquelle on peut se rendre d'une extrémité à l'autre, sans traverser ni fleuves, ni rivières, ni ruisseaux.

A cette arête non interrompue, établissant une première division de versans généraux, et réunissant la majeure partie des points culminans, nous donnons le nom de *Dorsale* (2).

De part et d'autre d'une dorsale ou du faîte d'un continent ou d'une île, les eaux, par leur chute, creusent des sillons qui descendent jusqu'au pied des versans. Ces sillons divisent le massif principal en massifs particuliers, ou rameaux disposés à peu près comme, dans un quadrupède, les côtes le sont à l'égard de l'épine du dos. (D'Aubuisson, *Traité de Géognosie.*)

En raison de l'analogie, le nom de *Costale* (3) est celui par lequel nous caractérisons ces arêtes ou faîtes du deuxième ordre.

Les costales ne s'étendent pas toutes de l'arête principale où elles ont leur origine jusqu'au rivage de la mer ; souvent elles aboutissent à de grandes vallées, entre lesquelles elles projettent des branches ; plus souvent encore, elles se perdent ou se terminent entre des affluens.

De ces observations générales, nous sommes amenés à reconnaître qu'il y a des costales de plusieurs degrés. Et, en

(1) *Hupsos* (hauteur, gr.).
(2) *Dorsalis* (*dorsum*, dos).
(3) *Costalis*, *costa*, côte).

effet, il se détache d'une dorsale un grand nombre d'arêtes transversales qui établissent des limites, non-seulement entre les bassins particuliers, constitués ou par les envahissemens de la mer dans l'intérieur des terres, ou par les extensions des terres dans la mer, mais aussi entre les bassins des fleuves, des rivières, des ruisseaux qui prennent leur source au-dessous d'une arête dorsale.

Pour différencier toutes ces costales entre elles, nous sommes dans la nécessité de déterminer leur importance relative par des qualifications, simples ou complexes, propres à indiquer les divisions qu'elles opèrent dans les parties dont se compose la superficie totale d'un continent ou d'une île.

A cet effet, nous les partageons d'abord en deux classes principales. Dans la première, celle des *Costales magistrales* (s'étendant de la dorsale jusqu'au rivage de la mer), nous nous servons des épithètes sub-océanique, maritime, sub-maritime, golféenne, sub-golféenne, fluviale, pour caractériser celles de ces costales qui établissent les limites des subdivisions de l'Océan ou des mers, considérées soit dans leur ensemble, soit dans leurs parties, y compris les bassins fluviatiles. Dans la seconde, celle des *Costales intercurrentes* (lesquelles ne se prolongent pas jusqu'aux littoraux maritimes), nous ajoutons à leur désignation commune les adjectifs, simples ou composés, *Amnisienne* (1), *Rivusienne* (2), *Rivulusienne* (3), selon qu'elles s'étendent ou entre des rivières, ou entre des ruisseaux, ou entre des ruisselets de même ordre, ou de degré différent comme affluens.

Les branches qui partent des costales projettent elles-mêmes d'autres branches qui successivement se ramifient, et dont les rameaux s'épanouissent sur la surface des continens,

(1) *Amnis*, rivière.

(2) *Rivus*, ruisseau.

(3) *Rivulus*, petit ruisseau.

en reproduisant, mais avec des variétés qui leur sont propres, les formes multifides des végétaux.

Des costales naissent les *Sous-Costales* ; de celles-ci, les *Rami-Costales* ; viennent ensuite les *Ramuli-Costales* ; et en dernier, les *Ramusculi-Costales*, après lesquelles on ne compte plus que des ramilles. Les ramusculi-costales donnant un embranchement de cinquième ordre relativement à la dorsale, les ramilles prime, seconde, tierce et quarte donnent des ramifications du sixième, du septième, du huitième et du neuvième degré.

Il est encore à remarquer que les costales et les dorsales parfois se bifurquent, ou pour former des bassins intérieurs, ou pour établir des sous-divisions de même ordre et de même importance. Dans le premier cas, nous faisons précéder le nom générique de la particule *Bi* ; dans le second, nous employons la dénomination d'*Antennales* (d'*antenna*, antenne), pour caractériser la parité de fonctions des bifurcations. Nous avons ainsi des Bi-dorsales et des Antenno-dorsales, ainsi que des Bi-costales et des Antenno-costales.

Une costale qui sépare les bassins de deux fleuves ne forme à son origine, entre les sources des affluens opposés qui les alimentent, qu'une simple arête, ou une croupe de peu de largeur, que nous considérons comme la tige ou la partie supérieure ; mais à une certaine distance cette tige, que nous appelons *Troncale*, se bifurque pour continuer le couronnement des versans qui, de part et d'autre, tendent toujours à se rapprocher des embouchures. Il existe donc, entre deux fleuves contigus d'un même bassin maritime, et au-dessous de leurs affluens supérieurs, pour ainsi dire en contact, un élargissement rempli par d'autres bassins de fleuves *Sub-intrans*, dont les eaux descendent des costales.

En outre de leur tige, les costales présentent, dans leur prolongement, deux parties très-distinctes : l'une qui, du sommet de la troncale, se continue jusqu'aux sources du dernier affluent inférieur, dont le cours n'a pas moins de dix myriamètres; l'autre, depuis le nœud d'où se détache le faîte transversal, séparant le bassin de cet affluent de tous ceux qui, plus bas, ne forment plus, comme les fleuves côtiers, qu'une seule division en raison de leur peu d'étendue. Le prolongement qui circonscrit les sources des affluens minimes ou *Ripuaires*, est la partie *Aortale* ou inférieure, liée à la tige supérieure ou à la troncale par une partie *Médiale*.

Il arrive fréquemment, dans les pays ouverts, que les branches des costales circonscrivent des plaines élevées, légèrement concaves, mais ordinairement arides et sans cours d'eau; à ces faîtes, qui rentrent en eux-mêmes, nous donnons le nom de *Palmaires*, et les rameaux qu'ils projettent prennent la qualification de *Digitales*, comme derniers rayons qui s'épanouissent sur les bords des rivières et des fleuves.

Lorsqu'un fleuve ou une rivière présente, dans l'étendue de son cours, un ou plusieurs coudes d'un développement assez étendu, les arêtes qui du périmètre du bassin viennent aboutir à ces angles, ajoutent à leur dénomination propre celle de *Cubitale* (*cubitus*, coude). On a dans ce cas des costales ou des branches de costales, *Cubito-fluviales*, *Cubito-amnisiennes*, etc. Les cubitales établissent des divisions analytiques d'un ordre supérieur à celui des affluens directs, puisqu'elles partagent le versant d'un fleuve ou d'une rivière en parties principales, composées elles-mêmes de plusieurs affluens directs.

Les lignes de partage d'eau ajoutent à leur dénomination propre l'épithète d'*Incise*, lorsque, dans leur plus grande dépression, elles s'abaissent assez pour établir un déversoir naturel par lequel un bras d'un fleuve tombe dans le bassin d'un autre fleuve. Le lit supérieur à la bifurcation des eaux forme alors un courant *Bi-pariétal*, c'est-à-dire appartenant également aux versans de deux bassins contigus; et, dans ce cas, ces deux bassins s'appellent *Connectifs*, comme étant liés par un canal naturel. Telles sont, en Europe, les bifurcations des rivières de Tornéa (Laponie) et de Vaucluse (France); un autre exemple se rencontrait autrefois en Toscane, où l'Arno, dans le coude très-marqué qu'il fait pour changer entièrement la direction de son cours supérieur, se divisait en deux bras, dont l'un allait à la mer en suivant le même cours qu'aujourd'hui, et dont l'autre, après avoir suivi le val de Chiana, mêlait ses eaux à celles du Tibre, soit immédiate- ment, soit après les avoir confondues avec celles de la Pa- glia.

Les continens et les îles, considérés dans leur ensemble, se composent presque toujours d'une partie principale, qui en est le corps, et d'autres parties adhérentes, plus ou moins saillantes, situées tout à fait à l'extérieur, qui en sont les membres : celles-ci sont connues sous les noms de péninsule, de presqu'île et de promontoire (l'Italie, la Grèce, le Jutland, la Scandinavie, etc.). Les arêtes qui établissent le partage d'eau primaire dans ces appendices sont celles auxquelles nous donnons le nom de *Spinales* : 1°. en raison de leur ana- logie avec la dorsale; 2°. parce qu'elles forment l'intersection commune de deux versans maritimes adossés l'un à l'autre, et sillonnés tous les deux par des fleuves. Les spinales, ainsi que les dorsales, constituent le couronnement de deux ver- sans maritimes directs; mais les premières ne se rencontrent que dans les parties extérieures ou les appendices du corps principal.

Lorsque les revers des versans maritimes côtiers, par les- quels se fait la liaison entre des bassins dorsaux convergens du corps principal et des bassins spinaux d'une péninsule, sont arrosés par des rivières, ces contre-pentes appartiennent aux régions *Médiales* ou abdominales, et sont bordées par le thalweg d'un fleuve; de là les arêtes faîtières de ces massifs intermédiaires prennent le nom d'*Abdominales*.

L'emploi des noms dont nous venons d'indiquer l'applica- tion est motivé sur la nécessité de définir, dans l'analyse na- turelle, les arêtes qui circonscrivent les bassins hydrographi-

ques, de manière à rappeler la situation relative de ces arêtes
dans le réseau continu des lignes de partage. Il y a en effet
une grande différence à faire entre une arête dorsale et une
chaîne principale. Dans tout système de montagnes, on considère comme chaîne principale celle qui s'étend dans le sens
de la longueur du massif, et l'on appelle contre-forts tous les
faîtes collatéraux, parce qu'ils sont disposés, relativement à
la chaîne principale, comme les contre-forts qu'on adosse
aux murailles élevées pour en assurer la stabilité. Le nom
de dorsale, au contraire, ne convient qu'au faîte qui cou-
ronne les versans généraux d'un continent ou d'une île, soit
que ce faîte se trouve formé par des monts ou par des dos de
pays : c'est donc une arête continue qui établit la division
hydrographique du premier degré.

Les monts Cantabres, les Balkans, pris chacun en particulier, ont l'un et l'autre un faîte principal et des faîtes trans-
versaux ou des contre-forts, et de ceux-ci partent des sous-
contre-forts, desquels se détachent des chaînons donnant
naissance à des branches. Mais les monts Cantabres ont leur
partie orientale dans la dorsale de la péninsule européenne,
et ce massif en fait le trente-unième anneau ou chaînon.
La partie occidentale des Cantabres constitue, au contraire,
la costale sub-maritime qui sépare la mer occidentale des
Gaules, de l'océan Lusitano-Callaïque. Le Balkan ou l'Hœ-
mus appartient en grande partie au dernier chaînon de la
costale maritime séparant la Méditerranée centrale de la
mer Noire, laquelle costale est enracinée à la dix-neuvième
division de la dorsale, ou aux Alpes méridionales des Grisons.
Voilà donc des dépendances nécessaires à connaître pour
se rendre raison de l'ensemble des configurations physiques.

Les fleuves, eu égard à leur situation respective, se partagent en deux ordres principaux : en *Dorsaux* et en *Costaux*.
Les dorsaux sont naturellement ceux dont les premières
eaux descendent en partie de la dorsale, et les costaux ceux
qui ont quelques-unes de leurs sources dans les costales.

Ces derniers se divisent en *Subintrans* et en *Externes*. Les subintrans naissent dans les élargissemens que laissent entre
eux les dorsaux, à partir du nœud où leurs affluens respec-
tifs cessent d'avoir une ligne de partage commune ; ils se dif-
férencient en *Sous-dorsaux* et en *Côtiers*.

Les sous-dorsaux sont toujours enclavés entre les dorsaux
appartenant à une même division hydrographique anté-flu-
viale. Lorsque les fleuves sous-dorsaux ont un cours d'un développement moindre que dix myriamètres (environ vingt
lieues) ; ils n'ont plus assez d'importance pour former des
divisions uni-fluviatiles ; on les comprend alors dans une
seule et même enclave, sous la dénomination particulière de
fleuves côtiers. S'il arrive, comme cela a lieu sur le littoral
de la Bétique, que ces petits fleuves proviennent directement
de la dorsale, on les appelle dans ce cas *Côtiers-Radicaux*.

Les costaux externes ont leur domaine en dehors des bassins dorsaux convergens des divisions anté-fluviales : ils se
trouvent ou sur des pentes de revers à l'égard d'un bassin
dorsal (comme le versant maritime des Alpes Dinariques relativement au bassin du Danube), ou sur les faces de saillans
qui, avec des dimensions beaucoup moindres que celles des
continens auxquels ils appartiennent, forment au-delà des
terres, dans la dépendance des dorsaux, ces appendices connus sous les noms de péninsule, de presqu'ile et de promontoire. On sait que l'on nomme plus particulièrement péninsules les saillans au-delà d'une langue de terre étroite (la
Morée, la Crimée).

Par l'application aux costaux externes des observations
faites ci-dessus pour les costaux subintrans, on conçoit qu'il
y a aussi entre eux des sous-costaux et des côtiers. Nous ferons observer, en outre, que dans tous les saillans, les costaux
sont *Spinaux* (1), c'est-à-dire qu'ils ont leurs sources près du
faîte principal, commun à deux versans maritimes adossés

______

(1) *Spina*, épine.

l'un à l'autre, et que sur les revers des bassins fluviatiles dorsaux ils sont *Abdominaux* (1).

De l'analyse des bassins fluviatiles, il devient superflu de passer à celle des bassins amnisiens ou de rivières.

En considérant les rives d'un fleuve comme des littoraux océaniques ou maritimes, les affluens directs se répartissent, à l'instar des fleuves, en trois divisions. Dans la première, on comprend les rivières dorsales et les faîtières ou marginales; dans la seconde, les subintrantes ou les médianes, relativement aux précédentes et aux suivantes; dans la troisième, les ripuaires (2) ou les côtières fluviales.

En circonscrivant avec soin et de près les origines des divers cours d'eau qui sillonnent les pentes vers l'Océan et les mers extérieures, on entoure, çà et là, des espaces où l'on aperçoit des rivières qui se perdent dans des mers ou dans des lacs sans issue, ou dans un terrain sablonneux. Nous différencions ces eaux courantes par la qualification d'*Anormale* (hors la règle), que nous ajoutons au nom qu'elles tiennent de leur analogie avec les diverses lignes caractérisées ci-dessus.

Après cette indication sommaire des termes particuliers dont nous faisons usage pour caractériser les rapports et le gisement réciproque des cours d'eau et des diverses arêtes dont se compose le réseau continu des lignes de partage des eaux sur la surface du globe, nous allons passer à l'analyse de la carte hydrogéique de l'Europe centrale. Nous nous trouverons entraîné, par cette analyse, dans des subdivisions que nous ne multiplierons qu'autant qu'il sera nécessaire pour que l'on arrive à connaître que, dans les moindres parties, les lois de l'analyse naturelle suivent toujours une marche uniforme.

(1) *Abdomen*, ventre.

(2) *Ripa*, rive.

Nota. Des personnes connues par des ouvrages justement estimés, n'ayant pas pris la peine d'entrer dans la généralité de nos vues sur le réseau des lignes qui déterminent les plans de revêtement du polyèdre terrestre, ont émis l'opinion qu'il n'était pas nécessaire de recourir à une nomenclature artificielle pour préciser des relations déjà, disent-elles, indiquées par des mots reçus.

À l'appui de cette assertion, elles ont cité un avant-propos du *Mémorial militaire du Dépôt de la guerre*, avant-propos dans lequel se trouvent toutes les définitions des mots employés pour différencier les diverses parties d'un système de montagnes.

Comme cet ouvrage nous était parfaitement connu avant que nous nous fussions engagé dans la méthode d'analyse dont nous établissons les préceptes, c'est la nécessité de fixer les rapports absolus de chacune des arêtes séparatives des plans de configuration avec les réseaux hypsographiques et hydrographiques dont elles sont les élémens, qui nous a porté à faire choix d'expressions nouvelles; et en effet, ces rapports n'ayant jamais été embrassés que par nous dans toute leur étendue, nous avons dû agir comme ayant *table rase*. Le temps sans doute apportera quelques modifications à notre Essai; mais enfin on arrivera à des termes qui prévaudront; alors il sera manifeste que nous devions prendre l'initiative.

ANALYSE NATURELLE

DE

L'EUROPE CENTRALE,

ÉTUDE
DE GÉOGRAPHIE NATURELLE

SUR

L'EUROPE CENTRALE.

Une carte n'est réellement intelligible que lorsqu'on y aperçoit la relation et les rapports des différens plans qui déterminent la configuration naturelle du sol. Par configuration naturelle, on doit entendre celle qui résulte des plans définis, d'un côté, par les eaux courantes et les bords des bassins dans lesquels elles se réunissent; de l'autre, par les arêtes ou lignes de séparation des eaux qui descendent dans chacun de ces récipiens.

Pour se rendre raison des formes d'un corps d'une manière rationnelle, il faut d'abord le voir dans son entier, puis le partager en ses différens membres, et enfin diviser et sous-diviser ceux-ci en autant de parties qu'il y a d'élémens constitutifs susceptibles d'être considérés en particulier.

L'Europe centrale, telle que nous la présentons, est bornée au Sud-Ouest par le cours de l'Èbre et par la partie supérieure du Duero ; à l'Ouest, par la mer occidentale des Gaules (le golfe de Biscaye), par le canal Belgico-Britannique ; au Nord, par la mer Britanno-Scandinave, ou du Nord, et par la Baltique ; à l'Est, par la Vistule, une partie de la Theiss, affluent du Danube, et par la Drina, tributaire de la Save qui porte aussi ses eaux dans le Danube ; au Sud, par la mer Adriatique supérieure et par la Méditerranée inférieure, séparées l'une de l'autre par la presqu'île d'Italie, prolongée seulement jusqu'au Volturno et à l'Ofanto.

Pour peu que nous arrêtions nos regards sur cette grande étendue de pays, nous remarquerons :

1°. Qu'elle est traversée du Sud-Ouest au Nord-Est par un faîte continu, ou *Sous-Dorsal*, établissant le couronnement des versans océaniques et méditerranéens. On y trouve successivement : la chaîne Ibérique, les Pyrénées-Cantabriques, les Pyrénées-Gallibériques, le dos du canal du Languedoc, les Cévennes, la Côte-d'Or, le plateau de Langres, les monts Faucilles, une partie des Vosges, une partie du Jura, le Jorat, les Alpes-Bernoises, les Alpes-Helvétiques ou Lépontiennes, le nœud des Alpes d'Algau, les Alpes de la Souabe ou plutôt d'Arlberg et du Vorarlberg; le Rauhe-Alp étant plus particulièrement connu sous le nom d'Alpes de Souabe, le dos du Danube supérieur et du lac de Constance, une partie des montagnes de la Forêt-Noire, le Rauhe-Alp, le dos de Franconie, le Fichtel-Berg, le Bœhmer-wald, les monts Boémio-Moraviens ou Zdarski-Hory, les Sudètes et enfin les Carpathes.

2°. Que de la sous-dorsale partent des branches (des costales maritimes) qui, par la longueur de leur crête, se distinguent de toutes les autres, attendu qu'elles tracent des divisions naturelles du second ordre, savoir : d'une part, entre l'Océan Hispano-Britannique et l'Océan Britanno-Scandinave; de l'autre, entre la Méditerranée inférieure et la Méditerranée centrale.

Sur la première se trouvent la forêt d'Argonne, les Arden-

nes occidentales, le dos de la Somme et de l'Escaut ; sur la
deuxième, une partie des Alpes centrales, les Alpes occidentales, l'Apennin septentrional, l'Apennin central et une partie de l'Apennin méridional.

3°. Que trois branches moins fortes (des costales sub-ma-
ritimes) séparent, la première, au Nord-Ouest, la mer occidentale des Gaules de l'Océan Verginien ; la seconde, au Nord,
la mer Britanno-Scandinave, ou du Nord, de la mer Baltique; la troisième, au Sud-Est, le bassin médial de la Méditerranée centrale, de son bassin occidental et de son bassin
oriental.

La chaîne du Morvan, le plateau d'Orléans, les montagnes
de la Normandie, celles de la Bretagne et les monts d'Arrée,
se rencontrent sur le premier partage; on ne voit sur le second que le Riesengebirge, continué par le dos de pays entre
l'Elbe et l'Oder, et par celui de la presqu'ile du Jutland; sur
le troisième, qui se bifurque pour embrasser la mer Égée et
celle de Marmara, se trouvent, sur sa tige, la suite des Alpes
centrales, les Alpes orientales et les Alpes Dinariques.

4°. Qu'une sous-costale sub-maritime, qui se détache du
nœud où finit l'Apennin septentrional et où commence l'A-
pennin central, et divise dans leur plus grande dimension les
îles de Corse et de Sardaigne, fait la séparation des eaux
entre les bassins à l'Ouest et à l'Est de ces deux îles. (Voir la
branche du sub-Apennin toscan, par laquelle le bassin de
l'Arno se trouve séparé des eaux du Tibre supérieur et de
celles de l'Ombrone.)

5°. Que deux costales golféennes établissent des sous-divisions du quatrième ordre : l'une, sur le versant Nord-Ouest, sépare le canal Belgico-Britannique du littoral méridional de
la mer Britanno-Scandinave (le Franken-wald, une partie du Thüringer-wald, le Rhœn-gebirge, le Wogels-gebirge,
le Rothlager-gebirge, l'Egge méridional, le dos de la Wechte
et de l'Ems sont les différens massifs dont elle se compose);
l'autre, sur le versant Sud-Est, s'élève entre le littoral de la

Tarraconnaise et la mer Ligustique ; elle forme les Pyrénées orientales, dont l'extrémité est marquée par les monts Albères, qui se terminent sur la Méditerranée par le cap Cervère et par le cap Creus.

6°. Que deux sous-costales golféennes font, l'une au Nord, dans le canal Gallo-Britannique, le partage du golfe des îles Anglo-Normandes de celui dit du Calvados, des rochers de ce nom ; l'autre, au Sud, dans la mer Ligustique, la séparation des eaux qui versent dans le golfe du Lion de celles qui se rendent dans le golfe de Ligurie. La chaîne de la Durance et du Var, les monts Esterel et les montagnes des Maures se rencontrent sur cette dernière, dont l'extrémité forme la presqu'île de Giens ; la première, enracinée aux monts de la Normandie, traverse dans toute sa longueur la presqu'île du Cotentin, dans le Nord de laquelle elle se bifurque pour former le bassin de Cherbourg, terminé à l'Ouest par le cap de la Hogue, à l'Est par la pointe de Barfleur.

7°. Qu'une costale sub-maritime secondaire sépare le littoral des Teutons du grand golfe dit mer des Vénèdes ; on y aperçoit les monts Cracoviens, dont le prolongement constitue le dos de l'Oder et de la Vistule.

Des divisions et sous-divisions de l'Océan et des mers, si nous passons à celle des fleuves dorsaux, nous signalerons comme tels, sur le versant océanique, et en nous portant du Sud-Ouest au Nord-Est : le Duero, l'Adour, la Garonne, la Loire, la Seine, la Meuse, le Rhin, l'Elbe, l'Oder, la Vistule.

Sur le versant méditerranéen, nous trouverons, en remontant aussi de gauche à droite, l'Èbre, le Tet, l'Aude, l'Orb, l'Hérault, le Rhône, le Pô, le Danube. Il est à remarquer que l'avant-dernier est dorsal indirect, attendu qu'il ne tient à la dorsale que par le Tesin, un des affluens primaires du Pô, et par la Maïra, qui se jette dans l'Adda, autre affluent du premier degré.

Entre les bassins de l'Adour et de la Garonne règne une

costale fluviale bifide, qui, tant sur sa tige que sur les deux
arêtes de bifurcation, ne présente aucun relief portant une
dénomination spéciale.

Entre les bassins de la Garonne et de la Loire se rencontre
une costale fluviale également bifidée, dont le tronc est ca-
ractérisé par les monts Margeride, les monts d'Auvergne et
les monts Jargean. C'est à l'extrémité occidentale de ce massif que se fait la bifurcation. Sur la branche qui borde le
bassin de la Loire-Inférieure il faut remarquer le plateau de
Gatine.

Entre la Meuse et le Rhin se détache des monts Faucilles
une costale fluviale, dont la partie supérieure est marquée
par les monts de la Moselle, la partie centrale par les Arden-
nes orientales et l'Eifel, la partie inférieure par le dos de la
Meuse et du Rhin.

Entre le Rhin et l'Elbe on trouve une sous-costale fluviale, formée d'abord par la partie septentrionale du Thurin-
ger-wald (massif situé aux sources de la Werra), puis par le
Haïnich, le Dünberg, le Lichsfelder-wald, le Harz et le dos
de pays couronnant les versans du Weser et de l'Elbe inférieur.

Passant présentement au versant méditerranéen, où déjà,
dans notre examen des divisions et sous-divisions maritimes,
nous avons signalé les lignes de partage, 1°. entre la Méditerranée inférieure et la mer Adriatique, 2°. entre la mer Adriatique
et la mer Noire, 3°. entre les deux mers (d'Hispanie et de Sardaigne, de Sardaigne et d'Italie) que sépare le système Sar-
do-Corse, 4°. entre le littoral de la Tarraconnaise et la mer
Ligustique, 5°. entre les golfes du Lion et de Ligurie, nous
remarquerons que le bassin de l'Èbre est fermé à sa rive
gauche, dans sa partie inférieure, par une sous-costale fluviale, sur laquelle se trouvent, en descendant des Pyrénées,
les monts de Cadis, la sierra de Lera, la sierra de Lazamos
et les monts de Alba; entre le Tet et l'Aude, une costale fluviale bifurquée aux sources de l'Agly ou du Gly; et, sur la

branche à la gauche de ce petit fleuve sous-dorsal, la chaîne dite des Corbières. Entre l'Aude et l'Orb, entre l'Orb et l'Hérault, entre l'Hérault et le Rhône, nous apercevrons de même trois costales fluviales, mais sans noms particuliers de montagnes. Par cette dernière remarque se termine l'exploration des lignes de partage entre les bassins des fleuves dorsaux.

Les sous-dorsaux étant toujours subintrans relativement aux dorsaux, c'est maintenant de ceux-là que nous devons nous occuper.

Sur le versant océanique nous trouvons, entre l'Adour et la Garonne, la Leyre; entre la Garonne et la Loire, la Seudre, la Charente, la Sèvre-Niortaise, la Lay.

Entre la Loire et la Seine, dorsaux divergens par l'interposition de la péninsule Armorique, nous n'avons que des fleuves spinaux et abdominaux. Entre la Seine et la Meuse sont deux sous-dorsaux externes; ils prennent cette dernière dénomination de leur situation extérieure dans les subdivisions maritimes spéciales, dont ils forment les complémens.

Entre le Rhin, tributaire du canal Belgico-Britannique, et l'Elbe, à l'extrémité Est du littoral méridional de la mer Britanno-Scandinave, se trouve la Wechte, ou plutôt le Schwarz-Waser, qui a son embouchure dans le Zuider-zee; l'Ems, dont l'estuaire porte le nom de Dollart; le Weser, mêlant ses eaux avec celles de la Jahde, dans la baie de ce nom. Le premier de ces trois fleuves subintrans est externe, par rapport au bassin du Rhin; les trois autres le sont de même relativement au bassin de l'Elbe.

Enfin, entre l'Oder et la Vistule, qui marquent les limites du littoral méridional de la Baltique inférieure, nous apercevons la Rega et la Persante, qu'il faut aussi considérer comme sous-dorsaux externes; une costale sub-maritime secondaire sépare le littoral des Teutons du grand golfe appelé mer des Vénèdes, en raison de son extension et du nom des anciens habitans qui en peuplaient le rivage.

Sur le versant méditerranéen, sept fleuves seulement

prennent rang parmi les sous-dorsaux : les trois premiers, le Llobrégat, le Ter, la Fluvia, sont externes par rapport au bassin de l'Èbre. Entre le Llobrégat et le Ter, court une rami-costale fluviale qui, au défaut de dénomination reçue, porté un nom composé de ceux des deux rivières dont elle sépare les bassins : le mont Señy et le col David sont les parties culmi-nantes de ce partage. Le quatrième fleuve sous-dorsal est le Tech, aussi externe relativement au Tet; le cinquième, l'Agly, interne comme thalweg de la vallée subintrante, par laquelle se remplit l'espace que laissent entre eux les bassins du Tet et de l'Aude; le sixième, le Libron, se présente avec les mêmes circonstances entre l'Orb et l'Hérault; le septième enfin, la Vidourle, prenant naissance entre les sources des affluens supérieurs opposés qui alimentent l'Hérault, d'une part, de l'autre le Gardon, dans la dépendance du bassin du Rhône, est aussi subintrant interne.

Les bassins des fleuves dorsaux et sous-dorsaux constituent par leur réunion un massif principal que l'on peut en quelque sorte considérer comme le noyau ou le tronc des terres continentales. Dè cette masse connexe il se détache des appendices ou des parties saillantes (les péninsules, les presqu'îles et les promontoires) qui, figurément encore, se présentent sous la forme de membres sillonnés par les fleuves spinaux. Il arrive, pour le plus souvent, que la liaison de ces saillans avec le corps principal, c'est-à-dire des fleuves spinaux avec les dorsaux, n'est pas immédiate. Nous rappelons, au sujet de cette observation, que c'est entre les spinaux et les dorsaux que se trouvent les abdominaux.

La marche rationnelle de l'analyse exige donc que nous nous occupions présentement de ceux-ci. Les premiers que nous ayons à citer, en suivant la marche ordinaire de notre exploration, se rencontrent sur le versant septentrional des Pyrénées-Cantabriques; le Saya, le plus occidental, à ses contre-pentes sur le Duero; l'Anza et la Bidassoa, qui viennent ensuite, sont adossées aux pentes méridionales de

l'Èbre supérieur; les monts Maribi ferment, du côté de l'Est,
le bassin de l'Anza. De la mer de Biscaye, il faut nous porter
dans le golfe occidental du canal de la Manche. Dans le fond
de ce golfe, nous voyons le Cuesnon, la Sée, la Sienne, dont
les bassins établissent au Nord la liaison entre les deux presqu'îles de la Bretagne et du Cotentin. Au-delà de la dernière
sont la Vire, l'Orne et la Toucques, également abdominaux,
le revers du versant sur lequel ces fleuves descendent à la
mer étant arrosé par des rivières tributaires de la Loire.

Par le même motif, la Trave et la Warnov, situées dans le
coude par lequel la presqu'île du Jutland s'unit au bassin de
l'Oder, sont abdominales, puisqu'en traversant le faîte au-
dessus de leurs sources on trouve des pentes dont le pied est
baigné par l'Elbe.

Entre le promontoire qui, du côté de l'Est, ferme le bassin
du Rhône, et la péninsule Apennine, nous trouvons la Siagne
et le Var, dont les revers appartiennent au bassin de la Durance; la Roya, la Magra, le Serchio, qui ont leur contre-
pente sur le Pô.

Entre le bassin du Pô et la péninsule Hellénique, c'est par
les vallées de l'Adige, de la Piave, du Tagliamento, de la
Kerka, de la Cettina et de la Narenta, que s'établit la liaison.
Il est à remarquer que les quatre premiers sont séparés des
trois derniers par la presqu'île de l'Istrie; tous ces fleuves
descendent sur des pentes extérieures adossées à des versans
dans la dépendance des bassins du Pô, et, par cette raison,
sont abdominaux.

La Brenta, encaissée au-dessous des affluens supérieurs de
l'Adige et de la Piave, et la Livenza, également subintrante
relativement à la Piave et au Tagliamento, sont aussi à men-
tionner comme sous-abdominales internes. Une sous-costale fluviale, formée à son origine par les Alpes-
Trydentines et continuée par les monts Lessine ou Lassi-
nesche, Berici et Euganei, fait la séparation des eaux entre
le bassin de l'Adige et ceux de la haute Piave et de la Brenta.

Une sous-costale golféenne traverse du Nord au Sud la presqu'île de l'Istrie ; sous le nom de mont du Karst, elle se détache des Alpes-Juliennes, puis se continue par les monts Czernaka, Ortak et Sia, que nous réunissons sous la dénomination commune de monts de l'Istrie, lesquels se terminent par le cap Promontore. Sur la rive gauche de la Cettina est une costale fluviale où l'on trouve les monts Dinara et Prologh. La limite orientale du bassin de la Narenta est marquée par une sous-costale fluviale vers le milieu de laquelle s'élève le mont Gradina, dont le prolongement est connu sous le nom de mont Traba.

Du plateau dont le mont Gradina forme le bord méridional se détache sur la Narenta une rami-costale cubitale marquée par le mont Bielosak, à la suite duquel vient le mont Vrabatz.

Au Sud de la sous-costale dont nous venons de faire mention s'étendent les petits plateaux de l'Herzégovine, formés par de hautes ceintures de montagnes au milieu desquelles court la Trebenstizza, rivière anormale dont les eaux s'engouffrent dans un abîme.

Pour compléter l'analyse des superficies terrestres dont notre carte présente l'ensemble, il nous reste à passer en revue les parties qui s'avancent dans la mer sous les noms de péninsule, de presqu'île et de promontoire : on sait que c'est dans ces parties que se trouvent les fleuves spinaux.

Sur l'Océan Atlantique, nous avons la péninsule Armorique ou de la Bretagne. Son versant méridional présente trois fleuves spinaux et un sous-spinal : les premiers sont la Vilaine, le Blavet, l'Aulne ; le dernier est l'Odet. La séparation de son bassin avec celui de l'Aulne est établie par une sous-costale à laquelle appartiennent les montagnes Noires. Le versant septentrional contient les bassins du Morlaix, du Guer, du Trieux, de la Rance, qui, comme les précédens, sont spinaux.

Dans le canal de la Manche, la presqu'île du Cotentin ne nous donne à citer comme spinale que la Douve.

Entre la mer du Nord et la Baltique, nous n'apercevons que la racine de la presqu'île du Jutland, où l'Eyder est également spinal.

Du côté de la Méditerranée, le promontoire entre les golfes des Gaules et de Ligurie a, sur son versant occidental, l'Arc. Au-dessous de ce fleuve, une rami-costale fluviale est formée par les montagnes de la Sainte-Beaume.

Le versant oriental du même promontoire contient le Gapau et l'Argens, séparés l'un de l'autre par la partie orientale de la montagne des Maures. Ce faîte est, comme le précédent, une rami-costale fluviale.

Dans la péninsule italique, où tous les fleuves sont spinaux ou sous-spinaux, il nous suffit de mentionner pour les premiers, l'Arno, le Tibre, le Garigliano, le Volturno, et pour les autres la Cecina, l'Ombrone, la Fiore, la Marta, attendu que ceux-ci comme ceux-là sont les seuls qui donnent lieu à quelques remarques au sujet de leurs lignes de partage. Ces remarques tombent sur les groupes auxquels on donne les noms de sub-Apennin toscan, sub-Apennin romain et sub-Apennin vésuvien.

Le premier renferme les bassins des quatre fleuves sousspinaux que nous venons de désigner, et qui sont subintrans relativement à l'Arno et au Tibre.

Le second, le sub-Apennin romain, se compose de toutes les élévations entre le Tibre inférieur, la Nera, jusqu'au confluent du Salto, le Salto, les montagnes qui, du côté du Nord-Ouest, bordent le plateau dont le fond est couvert des eaux du lac Celano ou Fucino, le faîte qui sépare le bassin du Teverone des eaux du Liri et du Salto, deux rivières desquelles se forme le Garigliano.

Le troisième, le sub-Apennin vésuvien, se compose des massifs qui, en courant parallèlement au faîte de l'Apennin méridional, en sont séparés par le cours supérieur du Volturno et du Calore, son affluent.

Ces sous-costales et rami-costales n'ayant pas de noms particuliers comme chaînes de montagnes, on ne peut les différencier qu'en leur donnant des noms composés de ceux des deux rivières dont elles séparent les bassins.

Dans l'analyse que nous venons de faire par les lignes hypsographiques, nous avons négligé, à l'exception des petits plateaux de l'Herzégovine, de mentionner les espaces enfermés par des contre-pentes qui convergent de manière à former des affaissemens ou des bassins intérieurs, c'est-à-dire sans communication avec l'Océan ni avec aucune des mers auxquelles ils communiquent. Tel est, par exemple, vers le milieu de la ligne de partage entre la mer de Biscaye et le canal de la Manche, le plateau d'Orléans; tel est, entre les parties centrales du cours du Danube et de la Theiss, bornées au nord par le canal de Szolnok à Pesth, au sud par celui du nom de François II, lequel joint le Danube à la Theiss, un exhaussement en forme de plateau appelé Haute-Plaine de Telecska; tel est encore, dans les Alpes-Dinariques, le plateau de Morlaquie, formé par une bifurcation du faîte principal; telles sont enfin, dans l'Apennin central et dans l'Apennin méridional, les coupes bordées de hautes montagnes au milieu desquelles se trouvent les lacs de Peruggia et de Celano ou Fucino.

Indépendamment des enclaves annulaires que nous venons de citer, enclaves toujours situées sur des faîtes qui se divisent pour se réunir de nouveau, il en est d'une autre espèce qui, au contraire, ne se rencontrent qu'au pied des versans maritimes : ce sont les bassins côtiers ou pluri-fluviatiles; ils se présentent pour la plupart en forme d'amphithéâtre; l'échelle de notre carte ne nous a pas permis de les y faire figurer, la longueur de leur cours n'excédant pas dix myriamètres, environ vingt lieues.

Ils sont répartis entre les fleuves dorsaux ou spinaux d'une

assez grande étendue pour former des divisions particulières.
Ceux-ci, par la disposition des affluens dont ils s'alimentent,
ont, en général, leur bassin en forme de raquette. C'est au-
dessous des élargissemens de deux bassins unifluviatiles
contigus, que se rencontrent de plus petits bassins accolés,
indépendans, et qui versent directement leurs eaux dans la
mer, double circonstance de laquelle ils tiennent la dénomination qui les caractérise.

La division des superficies terrestres en bassins fluviatiles
donne les élémens desquels se forment les bassins golféens,
maritimes, et les versans océaniques; mais ces élémens sont
eux-mêmes susceptibles d'être décomposés en bassins d'affluens primaires, secondaires, tertiaires, etc. Ces affluens
ont leurs sources ou dans une dorsale ou dans des costales de
différens degrés. Dans le premier cas, ils prennent la dénomination de rivières dorsales; dans les autres, on leur donne
celles de costales primaires, secondaires, tertiaires, etc. Les
crêtes qui font la circonscription d'un bassin considéré abs-
tractivement, sont faîtières ou marginales, à l'exception
cependant des parties qui peuvent appartenir à une arête
dorsale.

L'ordre de ramification des lignes de partage étant déter-
miné par tout ce qui a été dit précédemment, c'est de la relation réciproque des bassins de rivières que nous avons à
nous occuper.

Voyons, par exemple, quelles sont les observations auxquelles donne lieu le bassin du Danube.

Pour procéder méthodiquement, nous en examinerons
d'abord l'ensemble. Nous remarquerons que trois grandes
vallées longitudinales, c'est-à-dire qui prennent leur direction dans le sens même de la longueur de la chaîne où
commence leur berceau, établissent les divisions principales.
La plus considérable est celle du Haut-Danube, s'étendant
depuis les sources de ce fleuve, dans la Forêt-Noire, jusqu'au
coude par lequel il change entièrement de direction.

La seconde est formée par la Drave ; la troisième , par la Save. L'espace que laissent entre elles les deux premières, depuis la bifurcation du faîte qui sépare leurs deux bassins jusqu'aux rives du Danube , est rempli par une plaine élevée qui a pour bassin le lac Platten ou Balaton. Les eaux qui en dérivent et celles qui ont un cours particulier sont de trop peu d'importance pour être mentionnées.

La ligne de séparation entre le Haut-Danube et la Drave est une sous-costale cubitale amnisienne sur laquelle se rencontrent les Alpes de Salzebourg méridionales ou Noriques, les Alpes-Styriennes septentrionales, le Kœhlen-berg aux sources de la Mürz ; les monts de Fichsbach et ceux de Bacony se prolongeant au Nord-Est par le mont Vertès , jusqu'au bord du Danube qui la sépare d'une costale cubitale provenant des Carpathes et terminée par le mont Czerhat. De l'extrémité orientale des monts Fichsbach se détache une rami-costale amnisienne qui ferme, sur sa rive gauche, le bassin de la Save.

On y aperçoit, dans sa partie Sud-Est, des éminences portant la dénomination de mont Jacob. Le faîte entre la Drave et la Save est une sous-costale amnisienne connue autrefois sous le nom d'Alpes-Pannoniennes , et aujourd'hui sous celui d'Alpes de Carinthie et d'Esclavonie.

La Drave et la Save sont deux rivières marginales ou faîtières qui appartiennent au Danube central. Au-dessus de la première se trouve l'Inn , rivière également marginale, dont la vallée transversale fait partie du versant Sud du Haut-Danube. A l'Ouest de l'Inn se trouvent le Lech et l'Iller, qui ont leurs sources dans l'Arlberg. Ces deux rivières, la Wernitz, l'Altmuhl, la Naab, la Regen, le Kamp, la March ou Morava, et le Waag, sont toutes des affluens directs marqués de l'initiale *M*, sur notre carte, comme rivières marginales ou faîtières. Nous ferons cependant remarquer qu'elles peuvent de même prendre la dénomination de *Dorsales*, les Alpes de la Souabe, y compris l'Arlberg et le Vorarlberg, et tous les

massifs qui font le couronnement septentrional du Haut-Danube, appartenant à la Dorsale européenne.

A la droite de l'Inn-Inférieur court une raml-costale amnisienne sur laquelle se voit l'Hausruk-Wald. Sur la rive gauche de la Regen, le Baier-Wald appartient à une costale
amnisienne. Les deux faîtes latéraux de la Kamp sont également formés par des costales amnisiennes : le Greiner-Wald
s'étend sur celle de droite, le Wild-Gebirge forme l'origine
de celle de gauche. Entre la March (Morava autrichienne) et
le Waag, règne une longue chaîne de montagnes qui forme
la limite occidentale du système des Carpathes. Cette suite
de hauteurs porte vers son milieu le nom de Javorina, qu'on
lui donne quelquefois dans toute son étendue. Les Allemands
appellent Weterling ou Weiss-Gebirge (montagnes Blan-
ches) la partie moyenne entre le Javorina proprement dit et
le Danube ; nous donnons, nous, le nom de Carpathes Hon-
gro-Moraviennes à toute cette costale amnisienne. Entre le
Waag et le Gran, le seul groupe à citer est celui du Fatra.

Nous avons dit, avec M. Allent, en parlant de la crête des
bassins des fleuves, qu'après avoir embrassé dans son circuit
un pays immense, elle se rapproche et ne laisse vers leur
embouchure qu'une solution de continuité d'une largeur
souvent peu considérable ; de sorte qu'on pourrait la regar-
der comme le détroit d'un golfe terrestre limité par les som-
mets du bassin.

On sent bien que cette loi est applicable au couronnement
des bassins de rivières, et que le faîte latéral commun à deux
versans de ces bassins ne forme d'abord, entre les sources des
affluens opposés qui les sillonnent, qu'une simple arête ; mais
qu'à une certaine distance cette arête se bifurque pour border
les versans disjoints sur lesquels les sources des eaux courantes divergent au fur et à mesure que la longueur des vallées transversales décroît, et que les hauteurs qui les flanquent
tendent, dans leur dépression progressive, à se confondre
avec le bord inférieur de la vallée principale.

Il s'établit ainsi dans le dédoublement de deux versans d'abord accolés l'un à l'autre, une enclave triangulaire occupant l'espace compris entre le point de bifurcation et les embouchures de deux rivières contiguës.

Il y a donc entre les affluens primaires d'autres affluens subintrans du même degré; ce sont les rivières submarginales.

Entre le Lech et l'Inn se trouve l'Iser ou mieux l'Isar; entre l'Inn et la Drave, en allant de l'Ouest à l'Est, nous rencontrons la Traun, l'Ens, la Leitha, la Raab; mais comme les bassins de l'Inn et dé la Drave sont séparés par une arête cubitale, ces quatre rivières submarginales sont externes.

Au point où nous sommes arrivés, il devient inutile d'aller plus avant; nous en avons dit assez pour que l'on soit convaincu :

1°. Que la division des superficies terrestres en bassins est la seule qui conduise à la connaissance positive des formes du sol dans leurs rapports avec l'entier dont elles constituent les élémens;

2°. Que les bassins hydrographiques sont dans des dépendances relatives déterminées par l'ordre suivant lequel se ramifient les cours d'eau qui en occupent le fond;

3°. Que les arêtes qui circonscrivent un bassin s'avancent du milieu des terres vers les côtes, en rameaux irréguliers qui s'entrelacent dans les ramifications des cours d'eau, et les embrassent sans les traverser;

4°. Que ces derniers semblent partir de la mer comme d'un tronc commun, et poussent leurs ramifications dans les mailles que laissent entre elles les lignes de partage;

5°. Qu'il importe que les deux réseaux distincts des lignes hypsographiques et hydrographiques soient exprimées sur les cartes de manière à y faire apercevoir la convergence des surfaces hydrogéiques, dé la réunion desquelles se forment les bassins.

Ce n'est, en effet, que dans ce concours d'harmonies que peuvent se manifester les *analogies* desquelles il résulte que les configurations terrestres se reproduisent constamment sous des traits généraux et connus.

Résumé.

Les formes des superficies terrestres se définissent par les arêtes que font en s'entrecoupant les différens plans, que l'on peut considérer comme autant de faces extérieures. Ces plans, soit qu'ils descendent vers un récipient commun, soit que, adossés les uns aux autres, ils s'élèvent comme une digue entre deux bassins contigus, concourent à former les configurations générales et les configurations particulières. Les configurations générales sont celles qui déterminent les bassins des mers et des fleuves; les configurations particulières donnent les sous-divisions de ceux-ci en bassins d'affluens, c'est-à-dire de cours d'eau qui ont leur embouchure dans les fleuves ou dans les rivières.

L'usage reçu en géographie et en topographie de n'exprimer les élévations et les dépressions du sol que lorsqu'elles se présentent sous des angles de pentes remarquables, donne lieu à l'inconvénient fort grave de ne faire voir dans les cartes que des pays de montagnes, des pays ondulés et des pays plats; bien cependant que tous les plans, sans aucune exception, soient disposés pour l'écoulement et pour la réunion des eaux. Il résulte de là que l'on fait toujours abstraction de l'inclinaison des plaines, et que l'on considère les montagnes et les autres accidens comme des boursoufflures ou des affaissemens du sol sans liaison, sans rapports. Les géographes ont vainement essayé de faire cadrer le gisement des chaînes de montagnes avec la direction des méridiens ou des parallèles. De trop nombreuses exceptions ont renversé leurs hypothèses. Les géologues cherchent aujourd'hui à établir des dépendances subordonnées à l'ordre d'ancienneté relative

(19)

des différentes chaînes. Ces savantes investigations sont, sans contredit, du plus grand intérêt pour l'histoire des révolutions physiques du globe; mais des causes locales et fortuites, comme celles des éruptions volcaniques, comme celles des creusemens ou des éboulemens souterrains dus à l'action mécanique de l'eau, ne sauraient conduire à expliquer les relations géographiques des masses solides et liquides du sphéroïde terrestre.

Les fils à l'aide desquels il est possible de se reconnaître dans ce dédale se rencontrent *uniquement* dans les lignes de partage et de réunion des eaux. Or, nous avons vu que ces lignes se ramifient les unes et les autres, suivant des lois qui se reproduisent avec des analogies constantes, et qu'elles déterminent les versans, dont la réunion par bassin donne les divisions les plus favorables à l'étude des configurations naturelles; il importe donc que ces arêtes soient tracées sur les cartes sans aucune interruption, et, de plus, que l'on puisse juger de leur importance relative. Alors il devient facile, en partant de la plus grande division possible, de diviser ou de sous-diviser en bassins toujours décroissans jusqu'à ce qu'on arrive à ceux des plus petits ruisseaux. On parvient ainsi à reconnaître comment tous les plans s'ordonnent pour former les bassins des mers, des fleuves et des rivières, les vallées, les vallons, les gorges et les petites ondulations.

Lorsqu'il s'agit de cartes à grande échelle, indépendamment de la projection des lignes de partage et de réunion des eaux, il convient de donner le tracé des lignes de plus grande pente, des courbes horizontales qui correspondent aux cols et autres points caractéristiques, et enfin des lignes séparatives des berges d'avec les plateaux et les plaines inférieures.

Une ligne de plus grande pente sur une surface quelconque est telle, que si l'on considère le plan tangent à la surface, mené par un de ses points, le prolongement de l'élément correspondant est, de toutes les droites tracées dans ce plan, celle qui fait le plus grand angle avec l'horizon.

On se forme une idée des courbes horizontales en supposant qu'une inondation générale s'élève ou s'abaisse graduellement, et que cette nappe d'eau laisse, à diverses hauteurs, des traces de son intersection avec la surface du terrain. Ces lignes sont analogues à celles que l'Océan trace sur les rivages, et qu'on appelle *laisses* de haute et de basse mer, et aux vestiges de même nature que laissent les divers niveaux d'un étang, d'une eau dormante, d'une inondation naturelle ou défensive.

Si l'on détermine sur toutes les lignes de plus grande pente qu'on peut imaginer, sur la surface de droite ou de gauche d'un thalweg (1), les points où la pente devient brusquement plus rapide que dans les deux parties extrêmes, en joignant ces points les uns aux autres, on aura deux lignes entre lesquelles se trouveront les surfaces auxquelles on donne le nom de berges. Les écrivains militaires donnent le nom de *crêtes* à l'arête supérieure. La ligne inférieure n'a pas de dénomination particulière.

En considérant ces lignes comme des limites de divisions naturelles, on peut diviser chacune des deux surfaces principales d'un bassin en trois parties.

Dans ce cas, la première est comprise entre la ligne de partage et la crête de la berge. La réunion de cette surface et de celle qui peut lui être comparée dans le bassin contigu forme un couronnement que l'on nomme plateau.

La seconde s'étend de la crête à la ligne inférieure; elle est connue d'après ce que nous avons dit ci-dessus.

La troisième forme le glacis entre la ligne inférieure et le thalweg; si on la réunit à la division qui lui correspond au-delà du thalweg, on a un fond de bassin qui prend le nom de vallée.

______

(1) Ce mot allemand, qui signifie *chemin de la vallée*, est aujourd'hui adopté dans les ouvrages techniques français; il se prononce *talvègue*: il est immédiatement au-dessous du *fil de l'eau* des ruisseaux ou rivières qui coulent dans la vallée.

Nous pensons avoir établi d'une manière manifeste combien les cartes géographiques sont loin de présenter la conformation réelle des contrées qu'elles embrassent; par la publication d'un Environs de Paris à l'échelle du cent-millième, nous ferons de même reconnaître qu'il n'y a aucune idée d'ensemble dans la réunion des levés et des figurés particuliers qui sont les élémens des meilleures cartes topographiques.

- On est tellement habitué à ne voir dans les formes des superficies terrestres que des accidens toujours nouveaux et toujours confus, que les explorations topographiques se font constamment sans aborder dans leur généralité les considérations de dépendances auxquelles toutes les parties d'un pays sont subordonnées.

Nous avons, par exemple, des cartes spéciales de l'Auvergne, entreprises dans des vues diverses, ou par des géologues, ou par des militaires, ou par des géographes; bien que cette ancienne province occupe en quelque sorte le centre des contrées méridionales de la France, ces cartes, quant à la configuration physique, présentent un système de relief aussi indépendant que s'il s'agissait d'une île comme la Corse ou la Sardaigne : rien n'y indique que le faîte de la chaîne principale est une section médiaire d'une arête dont le tronc provient du Sud-Est (les monts Margeride), et dont le prolongement se porte au Nord-Ouest (les monts Jargean, le plateau de Gatine) ; que cette arête est une branche directe d'un partage d'eau de premier ordre, et, par conséquent, que les vallées qui y ont leur origine sont transversales, relativement au plan de pente générale; que les contre-forts qui séparent ces vallées sont des embranchemens secondaires empruntant leur importance relative de l'ordre des subdivisions hydrographiques qu'ils établissent; que les plaines, les rampes et les plateaux prennent des commandemens successifs marquant les différens étages par lesquels, des régions basses où la Dordogne rassemble les eaux de la Garonne et de la Gironde, on s'élève aux régions supérieures, où la Loire et l'Allier commencent leur cours.

Avec plus d'inconvénient que dans les cartes spéciales, de semblables abstractions se rencontrent dans tous les travaux topographiques qui embrassent une vaste étendue de pays. La nécessité d'appeler à leur exécution un assez grand nombre de collaborateurs, entre lesquels le terrain se partage, fait que chacun d'eux remplit sa tâche partielle sans s'inquiéter de l'importance relative des faîtes qui concourent à former le système entier de nervures résultant du raccordement successif des lignes hypsographiques ; cependant, plus le tableau s'agrandit, plus il importe qu'on y aperçoive les effets généraux qui en coordonnent toutes les parties.

On parviendrait à établir cette harmonie si, avant d'explorer une contrée, on prenait la peine de bien se pénétrer de sa configuration générale. Il suffirait, à cet effet, de tracer sur la carte dont on se sert, pour canevas les lignes de partage des eaux ou la crête des bassins, jusque dans leurs moindres détails ; on se rendrait alors familière la dépendance successive de ces lignes, et l'on découvrirait des analogies qui aideraient à pressentir les formes que l'on doit retrouver (1).

Dans l'exécution, on s'appliquerait principalement à fixer

(1) Les cartes topographiques, comme expression fidèle des superficies terrestres, ne peuvent, dit-on, donner sans solution de continuité la trace des lignes de partage des eaux, puisque ces lignes ne s'aperçoivent sur le terrain que lorsqu'elles forment le faîte des reliefs connus sous le nom de montagnes. Mais les cartes donnent des lignes mathématiques idéales (méridiens, parallèles, roses des vents), afin que l'on s'y rende compte de la position et du gisement des lieux ; on y trace en outre des limites politiques et administratives qui ne sont de même que des lignes conventionnelles destinées à faire connaître l'étendue respective des états et des provinces. *A fortiori*, il doit être permis de représenter sur ces cartes la disposition et la relation effective des lignes qui déterminent les plans convergens par lesquels la surface terrestre se partage en bassins, puisque ces bassins, comme ouvrage de la nature, ont une importance bien supérieure à celle que l'on accorde aux divisions qui ne tiennent qu'à des supputations purement intellectuelles, ou à des circonstances éventuelles.

les limites des bassins hydrographiques et les autres arêtes
caractéristiques, en cherchant sur le terrain les lignes de
moindre pente avec le même soin qu'on relève celles de plus
grande pente. On aurait ainsi tout le tracé hydrogéique qui
constitue d'une manière absolue le squelette du sol, et, par
conséquent, tous les plans primordiaux auxquels sont subordonnées les circonstances de détail : l'altitude des lieux
dont on a la longitude et la latitude, et les cotes de niveau
éparses çà et là sur des points de remarque, ne suffisent pas
plus pour donner les prolongemens des lignes de faîte entre
les reliefs exprimés sur les cartes, que quelques chiffres de
pente sur les rivières ne permettraient d'indiquer les sinuo-
sités de leur cours, si elles n'étaient fixées d'avance par des
relèvemens beaucoup plus rapprochés.

FIN.

Page xxiij, *ligne* 12, au lieu, que les opérations de la guerre exigent, *lisez* qu'exigent les opérations de la guerre.

Page xxviij, *note* (1), au lieu de Hupscs, *lisez* Upsos.

Page xxviij, *note* (3), au lieu de coslalis, *lisez* costalis.

Page xxxvj, *ligne* 14, au lieu de engagé, *lisez* engagés.

SECONDE SECTION. *Études sur la Géographie particulière de l'Europe.*

ATLAS

PHYSIQUE, POLITIQUE ET HISTORIQUE

DE L'EUROPE,

FORMÉ DE TRENTE-DEUX CARTES AVEC TEXTE MARGINAL.

Prix : 90 francs.

1°. Divisions naturelles. — 2°. Divisions politiques. — 3°. Climats physiques. — 4°., 5°. et 6°. Répartition des plantes et des animaux. — 7°. Distribution des peuples par familles et par langues. — 8°., 9°. et 10°. Lieux célèbres par des siéges, des batailles et des traités. — 11°. Théorie nouvelle de l'analyse géographique naturelle. — 12°. et 13°. *bis.* Géographie ancienne et Géographie moderne comparées. — 13°. Migration des peuples. — 14°., 15°., etc., jusqu'à la 30°. inclusivement. Division politique de l'Europe en 590, 800, 888, 1074, 1300, 1453, 1556, 1648, 1713, 1773, 1795, 1797, 1803, 1807, 1809, 1812, 1814 et 1815, avec dates de formation et d'extinction des souverainetés; notices sur les personnages auxquels se rapportent ces événemens, et revues chronographiques. — 31°. Tableau synoptique et comparatif de l'importance relative des États aux époques précitées. — 32°. Additions pour les lieux célèbres, Tables alphabétiques de près de quatre cents États qui figurent dans les cartes, et de plus de trois cents noms de personnes qui s'y trouvent mentionnées.

TROISIÈME SECTION. *Complément aux Études historiques sur les États de l'Europe.*

Tableau synoptique de l'histoire de France; 2 feuilles. — De la Confédération germanique; 2 feuilles. — De l'Angleterre, de l'Helvétie, de l'Italie; 2 feuilles. — De la Russie, de la Pologne, de la Prusse; 2 feuilles. — De la Suède, de la Norvège; 1 feuille. — De l'Espagne et du Portugal; 1 feuille. — Des Pays-Bas; 1 feuille. — De la Turquie et de la Grèce; 1 feuille.

TROISIÈME PARTIE.

Première Section. *Études générales sur la France.*

Carte administrative et militaire de la France, à l'échelle d'un millionième ; 4 feuilles colombier vélin.

Seconde Section. *Études particulières sur la France.*

ATLAS

PHYSIQUE, POLITIQUE ET HISTORIQUE

DE LA FRANCE ;

FORMÉ DE DOUZE CARTES, AVEC TEXTE MARGINAL.

1°. France géométrique et physique. — 2°. La Gaule en 17 provinces. — 3°. L'empire de Charlemagne. — 4°. La France sous Louis xvi, en 32 provinces et 83 départemens. — 5°. Sous le consulat, en 102 départemens. — 6°. Sous l'empire, en 130 départemens. — 7°. Sous Louis xviii, en 86 départemens. — 8°. Lieux célèbres par des sièges, des batailles, des traités. — 9°. La France, depuis Clovis jusqu'à Philippe-Auguste, en 9 tableaux : 507, 511, 562, 741, 843, 986, 987, 1154 et 1220. — 10°. Depuis Philippe-Auguste jusqu'à François i^{er}, en 9 tableaux : 1261, 1328, 1350, 1360, 1380, 1422, 1458, 1483 et 1515. — 11°. Depuis François i^{er}. jusqu'à Louis xvi, en 9 tableaux : 1548, 1559, 1648, 1659, 1668, 1678, 1697, 1713 et 1789. — 12°. Depuis Louis xvi jusqu'à Louis xviii, en 7 tableaux : 1795, 1797, 1800, 1807, 1809, 1812 et 1814.

QUATRIÈME PARTIE.

Application de la Géographie naturelle à l'étude du terrain.

Carte des Environs de Paris, à l'échelle du cent-millième ; 1 feuille colombier vélin.

Planches diverses.